RÉPONSE

DE

M. PIERRE-ANTOINE MONNERON,

Député de la colonie de l'Isle-de-France à l'Assemblée
nationale.

RÉPONSE

DE

M. PIERRE-ANTOINE MONNERON,

Député de la Colonie de l'Isle-de-France à l'Assemblée nationale,

A

M. BERTHELMOT ET AUTRES,

ET, PAR OCCASION,

A M. ARTHUR DILLON,

Député de la Martinique à l'assemblée nationale, décoré de l'ordre militaire de S. Louis, de la société de Cincinnatus, maréchal de camp, ci-devant gouverneur de Tabago.

***

A PARIS,

DE L'IMPRIMERIE DE P. DIDOT L'AINÉ.

RÉPONSE

DE

M. PIERRE-ANTOINE MONNERON,

Député de la Colonie de l'Isle-de-France à l'Assemblée nationale.

M. MONNERON,

Député suppléant de l'Isle-de-France.

Paris, le 1 septembre 1791.

M. BERTHELMOT,

Signandaire de la lettre ci-contre :

Calunnia è un gran peccato, ma un' invenzione mirabile.

Paris, le 9 septembre 1791.

MONSIEUR,

Votre lettre du 1ᵉʳ de ce mois ne m'a été connue qu'hier : elle contient quatre pages, qui n'ont dû vous coûter qu'une heure de travail : elle est distribuée; sa brièveté engage à la lire : vos assertions sont si positives, qu'on ne peut les soupçonner de mensonge : son effet doit être à mon désavantage : c'étoit votre but; et sans doute vous jouissez actuellement d'un triomphe qui ne vous est pas contesté. Si je n'avois à détruire que les impressions qu'elle a dû faire sur l'esprit des personnes qui me connoissent, j'aurois gardé le silence, et j'eusse rempli mon objet en leur en donnant communication; mais tel est le privilege de la calomnie, on ne peut la mépriser; il faut la détruire ou rester entaché dans l'opinion publique. Ainsi je dois une autre satisfaction aux personnes impartiales, en ne laissant sans réponse aucun paragraphe de votre lettre.

MONSIEUR,

Votre maison de l'Isle-de-France doit,

Je n'ai pas de maison à l'Isle de France; et, n'étant point commanditaire de celle de

depuis près de dix ans, plus de 800,000 l. au trésor de cette colonie.

mon frere, connue sous la raison de Janvier Monneron, et comp.; vous dites d'une maniere impropre que ma maison de l'Isle-de-France doit, depuis près de dix ans, 800,000 l. au trésor de cette colonie. Pour vous désabuser sur cette opinion, je vous apporte en preuve le certificat de M. Motais de Narbonne, nouvellement arrivé de l'Isle-de-France, où il faisoit les fonctions d'intendant. Je vais le transcrire.

« NOUS commissaire des colonies, ci-« devant ordonnateur aux isles de France « et de Bourbon,

« Certifions et attestons, sur la requisition « de MM. Monneron freres, que M. Janvier « Monneron, négociant à l'Isle-de-France, « tant en son nom individuel qu'en celui « de sa société de commerce, sous le nom « de Janvier Monneron et compagnie, a « exactement soldé les comptes qu'il a eus « avec l'administration de l'Isle de-France « en diverses circonstances ; qu'à l'époque « de la cessation de nos fonctions au mois « d'août 1789, il avoit ponctuellement ac-« quitté, et même à l'avance, les termes de « l'acquisition de l'établissement du sieur « Darifat qui lui avoit été rétrocédé par le « roi : certifions en outre que cet établisse-« ment a souvent été de la plus grande utilité « au service de l'état, par les ressources et « approvisionnements nautiques que MM. de « Monneron et compagnie y avoient rassem-« blés; et, que dans une circonstance de pé-« nurie alarmante, au mois de juillet 1787 (*),

---

(*) Une maison de commerce, qui retire 600,000 liv. de sa caisse en especes effectives, a droit de compter sur l'exactitude des remboursements qu'on lui

« M. Janvier Monneron s'est empressé de
« donner des preuves de son zele et de son
« patriotisme, en prêtant au trésor de la
« colonie pour la solde des troupes, à l'in-
« térêt le plus modique du commerce, une
« somme de soixante mille piastres effecti-
« ves, faisant celle de six cents mille livres,
« monnoie de la colonie.

« En foi de quoi, nous avons délivré le
« présent certificat pour servir et valoir ce
« que de raison. A Paris, le 3 septembre
« 1791.

« MOTAIS DE NARBONNE. »

Elle a très illégalement acquis, avec ses administrateurs, l'établissement du sieur Paul Darifat, dont la propriété avoit été transmise au roi. Cet établissement, évalué à 1,500,000 livres, lui a été assez clandestinement adjugé pour le tiers de son prix : vous connoissez

Voilà bien du venin, et dans le peu de mots que vous dites et dans l'oubli volontaire que vous faites de ceux que vous auriez dû ajouter. Lorsque le gouvernement s'est porté adjudicataire de l'établissement de M. Paul Darifat, on a suivi et au-delà les formalités d'usage : il est donc probable qu'il a été porté à sa juste valeur. La rétrocession en a été faite à MM. Janvier Monneron et compagnie, sans autres sacrifices que quelques délais pour le paiement accordés

promet ; et cependant, au bout de deux ans et demi de réclamation, le conseil de la marine prononça que cette somme devoit être comprise dans l'arriéré, aux termes des décrets de l'assemblée nationale. Cette décision extraordinaire sur un objet aussi privilégié, puisqu'il avoit été employé au prêt des troupes, passa à la majorité d'une seule voix. — Au reste, pendant que ces justes sollicitations étoient éconduites en France, MM. Janvier Monneron et compagnie ont dû terminer à l'Isle-de-France, d'après la lettre qu'ils nous écrivirent le 5 octobre 1789, dont voici l'extrait.

Lettre du 5 octobre 1789, de MM. Janvier Monneron, etc.

Nous recevons, avec votre lettre du 23 mars dernier, celle du ministre de la marine concernant nos 60,000 piastres ; elle est désobligeante au dernier point ; et cela a été vivement senti par MM. d'Entrecasteaux, Motais et Dupuy, qui n'ont reçu aucun avis à ce sujet. Mais comme, dans cette affaire, l'injustice et l'autorité d'Europe pourroient bien ne pas donner à nos administrateurs les moyens de s'acquitter envers nous comme ils le doivent, nous préférerons de faire des sacrifices et de terminer.

certainement les ré-clamations qui ont été faites à cet égard.

Votre maison a fait, avec ces mêmes admi-nistrateurs, vos amis et vos protecteurs, pour plus de 35 mil-lions de marchés, aussi onéreux à l'état qu'a-vantageux pour elle.

Votre maison enfin doit aux dilapidations de l'administration de cette colonie, élevées à plus de 3oo millions par M. L. Monneron, votre frere, dans son mémoire du 15 octo-bre 1790 à l'assem-blée nationale, les 15 millions qui compo-sent à peu près votre fortune et celle de vos freres; ce sont autant de vérités dont je suis prêt à vous convain-cre, dont je suis té-moin, comme ayant été pendant douze ans employé dans cette co-lonie, et particulière-ment dans la commis-

par le gouvernement, dont cette maison n'a pas fait un usage rigoureux, puisqu'il a été anticipé suivant le certificat rapporté ci-dessus de M. Motais.

Je ne m'arrêterai pas aux 35 millions de marchés faits par cette maison avec les administrateurs : je vous somme d'en four-nir les preuves que vous m'offrez; et, jusques là, je regarderai cette assertion comme une chimere. S'il vous prend fantaisie de parler des marchés que nous avons pu faire avec le gouvernement, j'exige que vous rap-portiez en même temps ceux qu'il a con-tractés avec d'autres individus et aux mêmes époques : sans cette condition préalable, tout le monde aura le droit de croire, ce qui est vrai en effet, que l'état a eu infi-niment d'avantages à traiter avec nous de préférence à tout autre.

Quant aux 15 millions de fortune que vous nous accordez, je vous propose, tant en mon nom qu'en celui de mes freres, de vous abandonner tout ce qui excédera le revenu proportionné à la contribution patriotique que nous avons payée. Etablissez donc vos calculs et mettez-les dans tout leur jour.

Je n'entrerai dans aucune discussion sur les assertions de mon frere Louis relative-ment aux sommes que l'Isle-de-France a pu coûter au gouvernement : il suffit de vous dire qu'il ne s'est jamais servi du mot de dilapidation et qu'il n'est jamais entré dans son idée; il a pu croire à des erreurs d'ad-ministration; et l'Isle-de-France n'en a pas été plus exempte que nos autres posses-sions en Asie et en Amérique.

Si la maison Janvier Monneron et com pagnie étoit débitrice du gouvernement,

sion nommée en 1784 pour examiner son orageuse et affreuse comptabilité.

Vous ne pouvez douter, monsieur, que l'assemblée nationale n'ait eu des raisons, en destinant des commissaires pour faciliter l'organisation de l'Isle-de-France, de soumettre à leur examen la revision de tous les comptes; puisque c'est M. L. Monneron, votre frere, qui, par une conséquence, sans doute, de son mémoire du 15 octobre, en a fait un article de décret dans le projet qu'il a lu, et qui a été adopté à l'unanimité par l'assemblée.

D'après ces vérités reconnues, ne paroît-il pas concluant, et sur-tout d'après la conduite que vous tenez auprès de tous les ministres, que ce projet de décret n'est qu'un projet politique, combiné dans votre famille, lu et présenté par M. Louis, votre frere, qui a pesé sur les abus dont elle s'est enrichie, pour y envoyer des commissaires à votre dévotion, pour aller au-

la mesure indiquée par mon frere Louis, et adoptée à l'unanimité par l'assemblée nationale, d'envoyer des commissaires à l'Isle-de-France pour soumettre à leur examen la revision de tous les comptes, est au moins une démarche franche et loyale. Vous ne tardez pas à lui donner un vernis de corruption, en la présentant comme un projet politique combiné dans ma famille. Certes, ce n'est pas la marche du cœur humain de fournir des armes qui, dans leur emploi, iroient se diriger contre nous. Mais, puisque cette maison ne doit rien au gouvernement, vos assertions croulent dans leurs bases. Le seul but d'être utiles à la chose publique a donc dû nous diriger dans nos démarches; nous méritons à cet égard quelque confiance. Vous ne sauriez disconvenir que ce n'est pas par intrigue que mes freres et moi avons été admis à l'assemblée nationale : l'aîné de nous étoit à Bordeaux lorsqu'il a été nommé par les électeurs de la sénéchaussée d'Annonay dans le Vivarais : mon frere Louis et moi étions à six mille lieues des pays qui nous ont désignés pour leurs représentants. Ainsi tout intérêt personnel a pu être étranger à nos démarches.

Cette maniere de parler conditionnelle n'est guere digne de votre loyauté : et je bornerois ici ma tâche, si je ne m'étois imposé la loi de ne laisser aucun mot de votre lettre sans réponse.

Long-temps avant le rapport sur les commissaires des isles de France et de Bourbon, mon frere Louis désigna M. de Vaudran, ancien premier commis des finances, sur la demande formelle que le ministre de la

devant d'un examen qui tôt ou tard eût été demandé, et peut-être fait d'une maniere tout opposée à vos desirs.

On affirme publiquement que vous avez désigné trois sujets au ministre ; d'abord un certain M. Vaudran, qui n'a jamais rien été, qu'un instant premier commis de finance, par la protection de M. de Villedeuil, et qui est rentré dans le néant en même temps que son protecteur ; qui n'a aucune connoissance des colonies, mais votre ami, votre protégé, à qui vous avez promis la fortune.

Vous avez ensuite désigné pour second M. Vata, commis sexagénaire de la marine, à qui vous aviez accordé le même espoir : mais ce choix n'ayant pas plu, vous êtes revenu à un M. Melon, qui ne connoît l'Isle-de-France que pour y avoir bâtonné du papier-monnoie pendant deux mois.

On assure que rien ne vous coûte pour détruire en même temps dans l'esprit marine lui fit de lui indiquer une personne honnête, instruite, à qui il pût confier une pareille mission, et desira en même temps de voir M. de Vaudran, qui en obtint audience le même jour. Dès que le décret fut rendu, mon frere Louis se contenta de donner au ministre l'adresse de M. de Vaudran sans autre démarche ultérieure. D'où il résulte qu'il croyoit avoir rempli ce qu'il devoit à la confiance du ministre. Si l'intrigue l'eût dirigé, il eût certainement mis plus de ténacité à solliciter la nomination de M. de Vaudran. Il s'est donc renfermé ponctuellement dans le sens du décret qui défend toute sollicitation. Au surplus, vous êtes bien mal instruit sur le compte de M. de Vaudran : il a continué ses fonctions de premier commis des finances dix-huit mois après la retraite de M. de Villedeuil ; et je le connois assez pour assurer qu'aucune autre protection que ses talents et ses services ne l'avoient porté à cette place, qu'il étoit venu occuper après avoir été, pendant plusieurs années, subdélégué général et premier secrétaire de l'intendance de Lyon.

Je ne me serois pas douté que j'étois naguere l'homme aux trois commissaires. Le ministre sait en quelle circonstance je lui ai parlé de M. Vaudran. Si j'ai nommé quelque autre individu, je l'ai parfaitement oublié ; et le rédacteur de votre lettre vous rendra peut-être le service de demander au ministre quelles sont toutes les personnes que je lui ai indiquées pour aller à l'Isle-de-France.

Ces paroles sont un trait de lumiere pour moi ; et, si vous n'aviez pas ce prétendu reproche à me faire, vous n'auriez pas mis

des ministres toutes les personnes honnêtes qui se présentent ou que l'on désigne.

la main à la plume : voilà donc le mot de l'énigme. Oui, monsieur, j'ai dit avec M. de Missy, mon collegue, à deux ministres, que l'un des nombreux prétendants à ces deux places de commissaires ne pouvoit être choisi sans inconvénients, par des raisons qui n'avoient aucun trait à ses talents ou à sa probité.

Mais ce prétendant auroit bien dû vous dire que, par une conduite franche et loyale, nous l'avions fait inviter à se désister ; et que, dans le cas où il ne jugeroit pas à propos de le faire, nous le prévenions qu'en notre qualité de députés de l'Isle-de-France, nous nous croyions obligés de faire connoître au ministre les raisons pour le prier de nommer un autre commissaire à sa place.

Je serois bien surpris que M. Boucher, que je n'avois pas l'honneur de connoître, fût venu chez moi après sa nomination, si j'avois cherché à le desservir d'une maniere quelconque.

On dit que la calomnie vous coûte si peu, que vous n'avez pas craint de l'employer contre un honnête homme, malheureux et victime de l'ancienne administration , M. Boucher l'aîné, officier municipal de Rennes, en l'accusant d'avoir failli ; que vous êtes coalisé avec tous les ex-employés, ex-administrateurs de cette colonie, auteurs des dilapidations, avec lesquels vos relations et vos intérêts sont connus pour faire remplir votre choix, et en éloigner ceux dont vous redoutez l'œil sévere.

Citez-moi une personne, un enfant, devant qui je me sois expliqué sur le compte de M. Boucher, en l'accusant d'avoir failli, et soumettez-vous, ainsi que moi, aux peines que méritent les calomniateurs, dès que les torts de l'un ou de l'autre seront prouvés.

Vous me peinez de m'apprendre que je compromets fortement la délicatesse de M. le ministre de la justice : j'ignore en quoi et comment; mais je vous remercie de m'instruire qu'il a des bontés pour moi. Si jamais je suis dans le cas de lui en témoigner de vive voix ma reconnoissance, ce sera

On affirme enfin que vous compromettez fortement la délicatesse de M. le garde-des-sceaux, qui a des bontés pour vous, d'après une réputation qui est bien éloignée d'être cependant exempte de censure.

Cessez, monsieur, une cabale qui est loin de vous faire honneur. Mon devoir de citoyen, d'habitant d'une colonie victime des abus, et où il est temps de les réprimer, m'ordonne de vous dire de laisser un ministre probe, vertueux et responsable, libre dans son choix ; de ne calomnier personne, et d'exécuter ponctuellement les décrets qui vous défendent toute sollicitation.

Votre silence et votre conduite postérieure à ma lettre m'ont forcé de la rendre publique.

Je ne dis rien de votre ingratitude envers les colonies : elles vous connoissent, et la métropole ne tardera pas à vous apprécier.

Signé BERTHELMOT.

la premiere fois que j'aurai eu l'honneur de lui parler.

Où il existe des abus, sans doute il est temps de les réprimer. Je conçois cette vérité ; mais je ne conçois pas comment la colonie de l'Isle-de-France a été victime des abus. La métropole, à mon avis, pourroit, à meilleur droit, se plaindre d'être la véritable victime ; car, en derniere analyse, elle a payé toutes les erreurs, de quelque côté qu'elles proviennent.

Informez-vous, je vous prie, plus particulièrement si le ministre que vous avez en vue a été fatigué de cette cabale qui est loin de me faire honneur. C'est, à mon sens, croire un homme vertueux, que de le juger digne d'entendre la vérité ; et quand il est responsable, c'est lui rendre service que de la lui présenter.

Je l'ai déja dit ; ce n'est que d'hier que j'ai eu connoissance de votre lettre : ceci explique mon silence. A l'égard de ma conduite postérieure, j'avoue, de bonne foi, que je ne sais ce que vous entendez par là.

Je vais attendre de quelle maniere on me connoît à l'Isle-de-France, et comment je dois être apprécié sous peu de temps dans la métropole. Le public est juste ; et, quand il a les moyens de comparer, il dispense avec équité le blâme ou l'approbation.

J'ai fini, quant à votre lettre ; mais j'ai à vous faire part de quelques observations. Je ne puis me refuser à croire que vous avez endoctriné M. Arthur Dillon, et je vais vous en rendre juge.

J'ai été en dernier lieu nommé un des six adjoints au comité colonial. Vous n'ignorez pas sûrement comment les choses s'y passent : je ne vous apprendrai donc rien de nouveau, en vous disant que ce n'est pas l'assemblée où l'on soit le plus porté à adopter cette sainte maxime , « que nul ne peut être inquiété pour ses opinions. »

Mon sentiment sur les gens de couleur et celui de mon frere Louis sont connus. Nous pouvons être dans l'erreur ; mais si nous y sommes de bonne foi, *il faut nous convaincre autrement que par des assertions contraires et des injures.* Si nous avons quelque intérêt direct ou indirect à faire prévaloir notre opinion , *il faut nous accuser ouvertement.* Ce sera l'impartiale postérité qui jugera ce grand procès et les hommes qui l'auront défendu : ce terme n'est peut-être pas éloigné.

Je reviens à M. Dillon.

Dans une séance du comité colonial, le 28 août dernier à neuf heures et demie du soir, je défendois la cause des gens de couleur avec cette chaleur qu'inspire le sentiment intime de la raison et de l'humanité, avec cette liberté que donne l'idée qu'on remplit un devoir et *une mission expresse.* Cela me valut quelques observations peu réfléchies de la part de quelques membres : mais je fus frappé de celle de M. Dillon, qui, sans motif et sans analogie avec la question qu'on traitoit, avança que j'étois le débiteur de la nation pour une somme de 1,500,000 liv. Au milieu du brouhaha je mis sur le papier ce peu de paroles :

M. DILLON,

Comment pouvez-vous dire que je dois 15 cents mille livres à la nation ? Je crois être au contraire son créancier de plus de 100 mille livres, et lui avoir sauvé plusieurs millions. Un jour je le prouverai.

Sur le même papier M. Dillon a écrit ce qui suit :

Je vois avec peine qu'un homme que j'ai cru honnête se permette très indiscrètement d'inculper les colons en général. Les Monneron de l'Inde ont rendu, dit-on, des services; mais ils ont fait, dit-on encore, une fortune immense aux dépens de l'état : il paroît reconnu qu'ils sont protecteurs et parents d'hommes en faillite à la nation, et résidant à l'Isle-de-France. Si vous êtes de ceux-là, il est de votre honneur d'exiger un rapport sur les affaires de l'Inde.

Avant d'analyser cette réponse de M. Dillon, permettez-moi, Monsieur, de vous déclarer sur quels fondements j'ai avancé que vous l'aviez endoctriné, 1°. sur une fortune immense aux dépens de l'état; 2°. sur parents d'hommes en faillite à la nation et résidant à l'Isle-de-France , car devoir depuis dix ans 800,000 livres; cela équivaut bien à une faillite; 3°. sur le mot *protecteurs ;* cette expression vous est si familiere que vous devez l'inoculer à ceux qui vous écoutent. Les administrateurs de l'Isle-de-France sont mes protecteurs ; M. de Villedeuil étoit protecteur de M. de Vaudran; et vous voulez que je le sois devenu à mon tour. Si la chose vous est aussi familiere que le mot, heureux sont ceux à qui vous accordez votre protection ! je leur en fais mon compliment.

M. Dillon m'a cru honnête avant que mon opinion sur les gens de couleur fût manifestée ; mais, du moment où je la déclare, c'est indiscrètement inculper les colons en général, parcequ'ils ne sont pas du même avis. Si cette logique faisoit fortune, les discussions seroient fort abrégées ; car on se diroit réciproquement, Vous m'inculpez. L'honneur exigeant alors de se laver de toute inculpation, chacun iroit se pourvoir pardevant les tribunaux pour obtenir des réparations.

J'adopte la réserve de M. Dillon en ne parlant des services que sur un *on dit.* Mais par quelle fatalité sa circonspection se trouve-t-elle en défaut en se permettant de parler sur un *on dit, d'une fortune immense, faite aux dépens de l'état?*

Il faut, en pareil cas, le prouver ou se taire : c'est l'obligation de tout galant homme, et plus rigoureusement de ceux qui ont été élevés en dignité.

Après tout ce que j'ai dit, je ne saurois concevoir en quoi mon honneur pourroit être intéressé d'exiger un rapport sur les affaires de l'Inde. J'ajouterai cependant, en finissant, que l'honneur de ceux qui connoissent les auteurs des malversations doit les porter non seulement à les dénoncer, mais encore ceux qui en ont profité ; que si l'on se contente simplement de déclamer contre les malversations dans d'inutiles pamphlets, de quelque esprit que l'on assaisonne les inculpations, le public équitable dira :

Sunt verba et voces, prætereaque nihil.

S'il vous reste encore, Monsieur, quelque doute à éclaircir, je ne refuserai pas le gant que vous me présenterez; mais j'y mets une condition, c'est que vous vous ferez mieux connoître.